...É POUR LA DÉFENSE DU COMMERCE ET DE L'INDUSTRIE
DE MARSEILLE

Séance de la Chambre Syndicale du II Juin 1907

Projet de Loi portant Modification de la loi du 23 Juin 1857

SUR LES

MARQUES DE FABRIQUE ET DE COMMERCE

PRÉSENTÉ PAR

M. Gaston DOUMERGUE, *Ministre du Commerce et de l'Industrie*

RAPPORT

PRÉSENTÉ AU NOM DE LA COMMIS ION D'INITIATIVE

PAR

M. Henri RASTIT

RAPPORTEUR

MARSEILLE
TYPOGRAPHIE ET LITHOGRAPHIE BARLATIER
19, Rue Venture

1907

231

SOCIÉTÉ POUR LA DÉFENSE DU COMMERCE ET DE L'INDUSTRIE
DE MARSEILLE

Séance de la Chambre Syndicale du 11 Juin 1907

Projet de Loi portant Modification de la loi du 23 Juin 1857

SUR LES

MARQUES DE FABRIQUE ET DE COMMERCE

PRÉSENTÉ PAR

M. Gaston DOUMERGUE, Ministre du Commerce et de l'Industrie

RAPPORT

PRÉSENTÉ AU NOM DE LA COMMISSION D'INITIATIVE

PAR

M. Henri RASTIT

RAPPORTEUR

MARSEILLE

TYPOGRAPHIE ET LITHOGRAPHIE BARLATIER
19, Rue Venture

1907

231

SOCIÉTÉ POUR LA DÉFENSE DU COMMERCE ET DE L'INDUSTRIE
DE MARSEILLE

Séance de la Chambre Syndicale du 11 Juin 1907

M. Henri RASTIT, au nom de la Commission d'Initiative, donne lecture du Rapport suivant sur le projet de loi portant modification de la loi du 23 juin 1857 sur les Marques de fabrique et de commerce.

MESSIEURS,

Une loi qui, pendant cinquante ans, a pu donner satisfaction aux besoins du Commerce et de l'Industrie d'un pays, est, sans contredit, une bonne loi. La loi de 1857 sur les marques de fabrique a, depuis sa promulgation, permis à nos fabricants de développer leurs débouchés et de s'assurer la propriété des marques distinctives sous lesquelles ils ont fait connaître et apprécier les produits de leur fabrication.

Malgré tous les soins qu'on peut apporter à leur confection, les lois régissant les conditions du Commerce et de l'Industrie, doivent cependant se plier aux exigences nouvelles créées par la marche incessante du progrès ; il en résulte qu'une loi, répondant aux besoins d'une époque, devra, pour rendre tous les services qu'on attend d'elle, subir les modifications nécessitées par les besoins nouveaux et les conditions réclamées par le mouvement commercial et industriel d'une nation.

Il n'est donc pas surprenant que notre législation relative aux marques de fabrique ait, après un demi-siècle de fonctionnement, donné lieu à quelques critiques. Depuis 1857, le développement de l'Industrie a été considérable et ses conditions d'existence se sont profondément modifiées. Petit à petit, nos industries, jusque là réunies dans quelques centres privilégiés, ont tendu, grâce aux facilités de communication et de transport et à la vulgarisation toujours plus grande des procédés industriels, à se répartir plus également sur toute la surface du pays. Jadis, chaque industrie avait son centre spécial ; c'est ainsi que Lyon monopolisait l'industrie de la soie, Marseille, le fabrication des savons, Langres, la coutellerie ; il était donc aisé à un fabricant désirant créer une marque nouvelle, de connaître celles déjà employées par ses concurrents, et le dépôt au greffe du Tribunal de Commerce suffisait à assurer un parfait fonctionnement de la loi. Le nombre sans cesse croissant des industriels et l'éparpillement de leurs établissements sur toute la surface du territoire devait modifier cette situation et rendre les recherches relatives aux marques de fabrique de plus en plus difficiles. Tel fabricant adoptait, de très bonne foi, une marque qu'il croyait nouvelle et apprenait, quelques années après, qu'un autre fabricant, de non moins bonne foi, utilisait la même marque. De là des contestations, des procès et, en tous cas, des situations très délicates dont la loi de 1857 ne s'était pas assez préoccupée.

Il est évident que la législation devenait insuffisante, car il était bien difficile de s'assurer qu'une marque déterminée n'avait pas déjà fait l'objet d'un dépôt au greffe de l'un des nombreux Tribunaux de Commerce de France. Par surplus, la loi de 1857 laissant le dépôt facultatif et ne le rendant obligatoire qu'avant des poursuites en contrefaçon, il devenait matériellement impossible à un industriel de savoir si une marque n'existait pas déjà quelque part. Ce seul inconvénient suffisait à justifier un remaniement de la loi.

La loi du 3 mai 1890 permit de remédier à un certain nombre de lacunes. Elle modifiait les conditions de dépôt des marques de fabrique et exigeait que ce dépôt fût accompagné de trois exemplaires de la marque et d'un cliché typographique la reproduisant. En outre, elle prescrivait la création au Ministère du Commerce d'un bureau spécial centralisant les dépôts effectués aux greffes de tous les Tribunaux consulaires. Ce bureau avait mission de publier périodiquement sous le titre de « Bulletin Officiel de la Propriété industrielle et commerciale », un recueil dans lequel devaient être reproduites, au moyen des clichés dont il a été parlé ci-dessus, toutes les marques déposées en France avec l'indication des produits auxquels elles étaient destinées.

Mais si les modifications apportées par la loi de 1890 permettaient de se renseigner sur les marques ayant fait l'objet d'un dépôt régulier, comment pouvait-on connaître celles n'ayant fait l'objet d'aucun dépôt ? Le dépôt restant facultatif et n'ayant, par lui-même, aucun effet sur la propriété de la marque, le créateur d'une nouvelle marque se trouvait toujours dans l'impossibilité d'établir son droit absolu, puisque cette même marque pouvait être employée, sans aucun dépôt, et à son insu, par un fabricant ayant une industrie similaire.

Le Congrès de la Propriété industrielle réuni à Paris à l'occasion de l'Exposition de 1900 s'occupa de cette importante question et ses membres s'attachèrent à étudier les moyens de remédier par une nouvelle réglementation aux imperfections de la loi de 1857.

L'Union des fabricants et l'Association française pour la protection de la propriété industrielle prirent une large part à l'étude de cette question et, comme suite aux décisions du Congrès, le 17 juin 1901, M. Millerand, alors ministre du Commerce, ouvrait une enquête afin de connaître les vœux des Chambres de Commerce et de tous les groupements intéressés, sur les modifications réclamées à la législation actuelle. Cette enquête fut laborieuse et les réponses obtenues manquèrent un peu de cohésion et d'unanimité. Tout le monde était pourtant d'accord sur un point : la nécessité de modifier la loi. C'est à l'Association Française pour la Protection de la Propriété industrielle que l'on doit la mise au point du nouveau projet que nous allons étudier ; cette association décida de porter la question à l'ordre du jour du Congrès de la Propriété industrielle réuni à Saint-Etienne en avril 1903 et la discussion qui en résulta apporta une nouvelle lumière sur les imperfections de la loi et les moyens pratiques de les faire disparaître.

L'année suivante, le Congrès de Paris s'occupait encore de la question des marques de fabrique ; elle fut magistralement étudiée en présence de M. Millerand, instigateur de l'enquête, et de M. Trouillot, ministre du Commerce et de l'Industrie. Enfin, en 1905, le Congrès d'Angoulême se réunissait sous la présidence de M. Etienne, ministre de l'intérieur, et mettait la dernière main à la préparation de la loi.

A la suite de ces divers Congrès, le Ministre du Commerce chargea la Commission technique de l'Office National de la Propriété industrielle d'en coordonner tous les travaux et de rédiger le nouveau texte modifiant la loi de 1857. Le 28 janvier dernier, M. Gaston Doumergue, ministre du Commerce et de l'Industrie, déposait sur le bureau de la Chambre des députés, au nom du Gouvernement, le projet de loi que vous avez bien voulu me charger d'étudier. La tâche me sera aisée car j'ai eu la bonne fortune, en ma qualité de délégué aux trois Congrès de Saint-Etienne, Paris et Angoulême, de prendre une part active aux travaux préparatoires de la réforme. J'entre donc en plein dans mon sujet et aborde immédiatement le texte du nouveau projet.

Avant d'analyser les réformes proposées et d'étudier, article par article, les modifications apportées par le Gouvernement à la loi actuellement en vigueur, je dois signaler, parmi les travaux intéressant la question, le rapport présenté à la Chambre de Commerce de Marseille par M. Sube, son secrétaire, le 19 janvier 1904, ainsi qu'un autre plus récent de notre collègue, M. Joseph de Verville, présenté au nom de la Commission d'initiative de la Société pour la Défense, le 20 janvier 1906. Ce dernier travail avait trait à la protection des marques de fabrique collectives ; ainsi qu'on le verra plus loin, le projet de loi que nous allons étudier donne satisfaction aux vœux de notre Société et aux desiderata émis par son distingué rapporteur.

ARTICLE PREMIER

Cet article conserve au dépôt de la marque de fabrique le caractère purement facultatif. Il était difficile, en effet, d'imposer au propriétaire d'une marque la formalité du dépôt. Bien souvent, la marque ne naît que par un usage prolongé de tels ou tels signes qui, dès le principe, n'étaient pas destinés à caractériser un produit. C'est ainsi, par exemple, que la marque Job, pour le papier à cigarettes, fut créée par les acheteurs qui donnèrent ce nom aux cahiers sur lesquels figuraient simp'ement les deux lettres J et B séparées par un losange évidé. Bien d'autres faits analogues pourraient être cités à l'appui de la création d'une marque par le simple usage ; il était donc utile de conserver au dépôt de la marque un caractère purement facultatif.

Le troisième alinéa subit une modification consistant à rendre la loi applicable aux exploitations agricoles et forestières. Cette mesure était réclamée par de nombreux intéressés et leur donne pleine satisfaction.

Les alinéas 4, 5 et 6 sont entièrement nouveaux.

Le quatrième alinéa, donnant satisfaction aux décisions des Congrès ainsi qu'aux vœux de nombreux groupements, admet au dépôt les marques collectives adoptées par les associations ou syndicats régulièrement constitués, et cela au même titre que les autres marques.

Le cinquième alinéa interdit l'adoption, comme marque de fabrique, des décorations nationales françaises ou étrangères, ainsi que les images ou mots contraires à l'ordre public ou aux bonnes mœurs.

Enfin, un sixième alinéa précise que la nature du produit auquel la marque est destinée ne peut, en aucun cas, faire obstacle au dépôt de la marque. La rédaction de ce paragraphe est celle de l'article 7 de la Convention internationale de 1883. Cette rédaction fut adoptée au Congrès de 1900 sur la proposition du signataire du présent rapport, vivement appuyé par M. Millerand, ancien ministre du Commerce.

En résumé, le nouvel article premier fait disparaître les imperfections de l'article 1 de la loi de 1857 et donne satisfaction à toutes les réclamations qui se sont produites à son sujet.

ART. 2.

Nous avons vu les inconvénients que présente le dépôt des marques de fabrique dans les greffes de nos nombreux Tribunaux de Commerce. La constatation des heureux résultats obtenus depuis quinze ans par le fonctionnement de l'Office National de la Propriété industrielle, centralisant depuis 1890 les dépôts effectués sur tout le territoire, a permis d'envisager la suppression du dépôt dans les greffes pour lui substituer un dépôt unique effectué à l'Office National. C'est l'objet du premier alinéa de l'article 2. Une telle mesure s'imposait ; elle facilitera la bonne application de la loi et nous ne pouvons que l'approuver sans aucune restriction.

L'article 2 détermine aussi les conditions nécessaires pour que la propriété d'une marque de fabrique puisse être revendiquée. Nous avons vu que le dépôt de la marque restait simplement facultatif. Dans ces conditions, comment établir d'une façon indiscutable quel est le véritable propriétaire de la marque ?

Deux systèmes étaient en présence : Conserver au dépôt son caractère purement déclaratif, et laisser aux tribunaux le soin d'apprécier, en cas de procès, quel est le véritable initiateur de la marque, ou bien, modifier dans son essence le caractère du dépôt et le rendre attributif, ainsi qu'il existe dans certaines législations étrangères, notamment en Allemagne.

Nous avons dit plus haut les inconvénients du dépôt déclaratif et l'incertitude perpétuelle dans laquelle se trouvait un commerçant ou un industriel relativement à la sécurité de son droit de propriété. Mais, le dépôt attributif n'a-t-il pas, lui-même, des inconvénients aussi grands ? En premier lieu, on a indiqué que ce

mode de dépôt constituait une sorte de prime à l'usurpation de
la marque ; en second lieu, le dépôt étant facultatif, comment
concilier avec cette condition le caractère attributif d'un dépôt ?
Comme le disait M. Allart au Congrès de 1900, neuf fois sur dix,
celui qui dépose une marque déjà en usage, quoique non déposée, doit avoir vu cette marque et s'en est inspiré, souvent même
à son insu. La loyauté veut qu'on respecte une marque qui est la
propriété de personnes l'ayant imaginée avant vous. Le principe
du dépôt attributif serait donc un principe déloyal. En outre, le
dépôt attributif a l'inconvénient d'être en contradiction formelle
avec les principes mêmes de la Convention internationale de
1883 et pouvait créer au propriétaire d'une marque une situation très difficile pour la sauvegarde de ses droits à l'Etranger.

On se trouvait donc en face de deux systèmes présentant chacun des inconvénients indéniables ; aussi s'est-on ingénié à trou-
ver un système mixte possédant les avantages des deux formes
que nous venons d'analyser et n'ayant aucun de leurs inconvénients.

Le Congrès international de la Propriété industrielle de 1900,
comme le Congrès de Paris 1904, ont préconisé une solution pui-
sée dans la législation anglaise. Le dépôt, déclaratif dès son
origine, devient attributif lorsque pendant cinq ans d'usage de
la marque déposée, aucune contestation reconnue fondée ne s'est
élevée pendant ce laps de temps. Ce système semblait mettre
d'accord tous les intérêts et donnait au propriétaire d'une marque, une sécurité absolue une fois les cinq années écoulées. On a
fait observer toutefois que ce délai était encore trop long ; c'est
pendant les premières années de son exploitation que l'initiateur
d'une marque fait le plus de dépenses pour la faire connaître.
N'était-il pas injuste de priver le déposant du bénéfice de ses
sacrifices et ne convenait-il pas de réduire à une année la
période pendant laquelle la propriété de la marque pouvait être
contestée ? Telle était l'opinion de nombreux groupements et
notamment de la Chambre de Commerce de Marseille. (Rapport
Sube, page 7).

Le projet du Gouvernement a donc adopté le système mixte et
réduit à une année le délai pendant lequel la marque peut être
revendiquée par le premier initiateur ; toutefois, certaines res-
trictions sont apportées à la mise en possession définitive du
déposant. C'est ainsi que, même après le délai d'une année, le
premier occupant, s'il peut prouver, mais seulement par preu-
ves écrites, la preuve testimoniale n'étant plus admise, qu'il a

employé la marque d'une façon continue depuis une époque antérieure au dépôt, aura droit au bénéfice d'une possession personnelle non susceptible d'extension directe ou indirecte.

Ce système permet de donner toutes garanties au déposant d'une marque et protège, dans une certaine mesure, les intérêts du premier occupant. Il est d'ailleurs équitable que ce dernier ne jouisse pas d'un privilège absolu, puisqu'il lui était aisé d'acquérir la plénitude de ses droits par un dépôt régulier. S'il a eu l'imprudence de ne pas le faire, il est juste qu'il en supporte les conséquences.

Je vous propose donc d'adopter le texte de l'article 2, tel qu'il nous est proposé par le Gouvernement.

Art. 3.

Cet article réglemente les conditions de durée du dépôt. La loi de 1857 fixait à quinze années le laps de temps pendant lequel un dépôt de marque conservait sa validité. Le nouveau projet augmente cette durée et la porte à vingt années, afin de la mettre plus en rapport avec celle généralement adoptée par les législations étrangères et notamment par l'article 6 de l'arrangement du 14 avril 1891.

Deux nouveaux alinéas sont ajoutés. Le premier stipule qu'en cas de cession de l'établissement ou simplement de la marque de fabrique le transfert peut être opéré dans des formes à déterminer par le règlement d'administration publique qui sera joint à la loi.

Le texte dit *peut* et non *doit ;* l'obligation de ce transfert me paraît préférable ; une maison peut disparaître, et l'intérêt public exigerait qu'un nouveau déposant puisse utiliser une marque dont personne n'use plus. Il est vrai que dans son troisième alinéa l'article 3 stipule que si l'auteur d'un dépôt ne justifie pas de l'usage effectif de la marque, l'annulation de ce dépôt pourra être prononcée à la requête du ministère public ou de toute partie intéressée. Mais, à mon avis, pour que la demande d'annulation puisse être formulée, il est nécessaire que l'on soit à même de connaître le nom du détenteur de la marque.

Je vous propose donc d'émettre un vœu pour que le texte du deuxième alinéa soit modifié dans le sens de l'obligation et cela, d'autant plus, qu'il me paraît que le troisième alinéa doit être, sinon supprimé, du moins complètement remanié.

Une question très délicate et très controversée est tranchée par ce troisième alinéa. C'est celle qui a trait au dépôt d'une marque effectué avec l'intention bien arrêtée de ne pas se servir de la dite marque. Lors de la discussion de cette question au Congrès de 1904, j'ai soutenu le droit qu'avait un fabricant de déposer, en même temps qu'une marque de fabrique déterminée, une ou plusieurs autres marques pouvant, par une similitude de nom ou de forme, prêter à une confusion regrettable. Pendant le cours de la législation actuelle, de nombreux procès ont été jugés relativement à de pareilles similitudes ; malheureusement, les tribunaux se sont prononcés si souvent en sens contraire, que beaucoup d'intéressés préfèrent effectuer le dépôt de toutes les marques pouvant se confondre avec celle qu'ils veulent exploiter.

C'est ainsi qu'un fabricant qui désirera déposer un « cuirassier » comme marque de fabrique, aura tout intérêt à effectuer en même temps, le dépôt des marques « le Dragon » et le « Sapeur-pompier. » En effet, pour des acheteurs illettrés ou simplement inattentifs, la forme de la marque reste la même, car, dans les trois cas, elle représente un militaire coiffé d'un casque. Sur des savons, par exemple, la différence sera encore plus difficile à apprécier, les inscriptions du nom de la marque étant le plus souvent illisibles. On me répondra que les tribunaux apprécieront et condamneront le déposant d'une marque ainsi imitée, sinon pour contrefaçon, du moins pour concurrence déloyale. Ah ! le bon billet ! Ce n'est pas dans notre ville qu'un pareil argument peut être soutenu, et plus d'un fabricant de savon a connu à ses dépens les variations des arrêts prononcés à cet égard.

On objecte qu'il est nécessaire d'imposer l'obligation d'exploiter afin d'obvier à l'obstruction des marques, aujourd'hui presque impossible à créer, pour certains produits. J'estime que le meilleur moyen de remédier à cette obstruction réside dans l'élévation du droit fixe applicable au dépôt de la marque. D'ailleurs, l'obligation d'exploiter aurait, dans un autre ordre d'idées, des inconvénients sérieux. On sait que pour déposer valablement une marque en pays étranger, marque qu'il n'exploitera cependant qu'à l'étranger, un Français est obligé de déposer au préalable cette marque en France. Est-il admissible qu'au bout d'un an, faute d'exploitation en France, le déposant perde le bénéfice de son dépôt français et partant la propriété de sa marque à l'étranger ?

A la suite de mes réclamations, et d'accord avec M. André Taillefer, le savant rapporteur du projet relatif aux marques de fabrique au Congrès de 1904, ledit Congrès décida de s'en tenir à l'élévation de la taxe et de ne pas maintenir, pour le déposant, l'obligation d'exploitation. Pourquoi et comment le Gouvernement a-t-il rétabli, dans son projet de loi, le principe de cette obligation ? Les raisons invoquées dans l'exposé des motifs ne résistent pas à la discussion ; cet exposé pose en principe « pas de marque sans emploi, effectif », alors que cette définition est en complète contradiction avec la jurisprudence constante établie par la Cour de cassation. D'ailleurs, comment pourrait-on constater le défaut d'exploitation puisqu'il suffirait à un fabricant avisé de vendre de temps en temps quelques produits revêtus d'une marque, pour qu'il soit impossible de lui opposer le défaut d'exploitation.

Je vous propose donc, Messieurs, d'émettre un vœu, afin que le troisième alinéa de l'article 3 soit remanié de telle sorte qu'il n'implique pas l'obligation d'exploiter, ou tout au moins qu'il soit bien convenu qu'un déposant aura le droit d'effectuer le dépôt, non seulement de sa marque principale, mais de tout signe, nom ou dessin, pouvant se confondre avec cette marque.

ART. 4.

L'article 4 a trait aux formalités à remplir pour effectuer le dépôt d'une marque.

Le nouveau projet réduit à deux exemplaires seulement le nombre de modèles à fournir. Le déposant devra aussi adresser, en même temps qu'un cliché typographique de sa marque, une demande au Ministre du Commerce et de l'Industrie. Cette dernière pièce est évidemment indispensable, les dépôts s'effectuant à Paris et non plus comme aujourd'hui, directement par le déposant, au greffe du Tribunal de Commerce.

En ce qui concerne le troisième alinéa, visant les taxes de dépôt et de transfert, deux observations s'imposent :

La loi de 1857 a fixé à un franc le montant de la taxe de dépôt. D'accord avec l'exposé des motifs, nous convenons que cette taxe doit être relevée, ne serait-ce que pour éviter l'obstruction rendant aujourd'hui si difficile le choix d'une nouvelle marque. D'autre part, nous reconnaissons aussi qu'il convient d'éviter de donner à la taxe un caractère fiscal et que le montant des taxes perçues doit être uniquement consacré à couvrir les frais de fonctionnement de l'Office National. Il serait pourtant utile que le texte même de la loi fixât le montant de la taxe. L'article 4 du projet stipule qu'un règlement d'administration publique déterminera le montant des diverses taxes à percevoir ; j'estime qu'il est bien préférable que le montant de ce droit soit fixé dans la loi elle-même, ainsi que cela a été fait pour la loi de 1857, actuellement en vigueur.

Le paragraphe 2 de l'article 4 stipule que le dépôt et le transfert d'une marque donnera lieu au paiement d'une taxe spéciale et distincte pour chaque catégorie de produits ou d'objets auxquels la marque sera destinée. Il y aurait lieu d'établir comme suit le montant des diverses taxes à percevoir :

Dépôt d'une marque. Catégorie principale ...... Fr.	10.00
Pour chaque catégorie secondaire	5.00
Transfert d'une marque. Catégorie principale ...	5.00
Pour chaque catégorie secondaire	2.50

Sous le bénéfice des observations qui précèdent, je vous propose de donner un avis favorable à la rédaction de l'article 4.

ART. 5 et 6.

Les articles 5 et 6, formant le titre II de la loi, ont trait aux dispositions relatives aux étrangers et ne donnent lieu à aucune observation.

ART. 7 à 15.

Le titre III du nouveau projet comprend neuf articles et traite des pénalités applicables en cas d'infraction à la loi. Le texte de ces articles ne diffère que très peu du texte actuel de la loi de 1857 ; nous devons pourtant signaler brièvement les quelques modifications qui ont été faites :

L'article 7 assimile, au délit de contrefaçon, le fait de livrer un autre produit que celui qui est demandé sous une marque déposée *(généralement un nom)*. Jusqu'ici, la constatation d'un pareil délit ne pouvait donner lieu qu'à une action civile en dommages et intérêts. Le propriétaire de la marque demandée subissait cependant un préjudice sérieux ; il était donc équitable de réprimer une pareille tromperie par une pénalité identique à celle de la contrefaçon elle-même.

Un autre moyen de tromper l'acheteur consistait à faire précéder la marque déposée par autrui, des mots : façon de, imitation, etc., etc. Ce cas est aussi assimilé à la contrefaçon et c'est justice. D'ailleurs, depuis longtemps, la jurisprudence était fixée sur ce point et les tribunaux appliquaient, pour la répression de cette fraude, l'article 17 de la loi du 22 Germinal an XI.

Enfin, une disposition spéciale de l'article 9 punit le fabricant qui fait figurer dans sa marque l'une des décorations ou signes prohibés par le paragraphe V de l'article premier.

Art. 16 à 18.

Ces articles forment le titre IV de la loi et ont trait aux juridictions compétentes. Leur texte est légèrement modifié, afin d'être mis en harmonie avec les modifications que nous venons d'étudier. Les tribunaux civils demeurent, comme par le passé, seuls compétents en matière de marque de fabrique et toutes les actions intentées en vertu de la loi doivent être jugées comme matières sommaires. Le titre IV ne donne donc lieu à aucune observation.

Art. 19 à 23.

Ces articles, constituent le titre V de la loi et s'occupent des dispositions générales et transitoires nécessaires pour assurer son exécution. Il y est notamment stipulé que la nouvelle réforme n'entrera en vigueur que trois mois après sa promulgation ; toutefois, en ce qui concerne les trois derniers paragraphes de l'article 2, ils ne seront exécutoires qu'un an après la promulgation, afin que tous les propriétaires actuels de marques de fabrique aient le temps voulu pour déposer, s'ils le désirent, les marques n'ayant pas déjà fait l'objet d'un dépôt régulier.

Enfin, un article additionnel permet de conserver aux marques de fabrique déposées sous l'empire de la législation actuelle le régime de cette législation, pendant toute la durée restant à courir jusqu'à l'achèvement de la période de dépôt en cours.

CONCLUSIONS

Telle est, dans son ensemble, l'économie du nouveau projet. L'analyse qui vient d'être faite de chacun de ses articles, nous permet d'affirmer que la réforme répond aux besoins du commerce et de l'industrie, et que la Société pour la Défense doit faire des vœux en faveur d'une prompte réalisation de cette réforme.

Les quelques modifications que nous avons signalées seront certainement prises en considération par la Commission du commerce et de l'industrie à laquelle a été renvoyé le projet. Nous vous proposons donc d'adopter, et de convertir en délibération les conclusions suivantes :

La Société pour la Défense du Commerce et de l'Industrie de Marseille, approuvant dans son ensemble le projet de loi sur les marques de fabrique déposé par le Gouvernement le 28 janvier 1907, sur le bureau de la Chambre des députés, émet le vœu que ce projet de loi soit discuté aussitôt que possible par le Parlement ;

Signale, comme devant subir une modification, les articles suivants :

ART. 3. — Rendre obligatoire la formalité du transfert, en cas de cession d'une marque de fabrique, et établir en principe que l'exploitation de la marque n'est pas obligatoire. Dans le cas, cependant, où cette obligation paraîtrait indispensable, faire une exception pour le déposant qui déclarera effectuer le dépôt de certaines marques, comme pouvant créer une confusion avec celle dont il veut s'assurer la propriété.

ART. 4. — Insérer dans le texte même de la loi le montant des nouvelles taxes de dépôt, de transfert et de renouvellement, ces taxes devant être assez élevées afin d'éviter l'obstruction des marques, mais ne pouvant, en aucun cas, présenter un caractère fiscal.

Ainsi modifiée, notre vieille loi de 1857 ne sera peut-être pas exempte de toute critique, mais elle donnera satisfaction aux besoins actuels du commerce et de l'industrie de notre pays. Elle sera, de plus, mieux harmonisée avec les législations étrangères et nous permettra d'attendre la réalisation d'un arrangement signé par toutes les nations civilisées. C'est, en effet, vers l'adoption d'une réglementation internationale unique que doivent tendre les efforts de tous ceux qui s'occupent de la protection de la propriété industrielle, et, faisant appel à la bonne volonté de tous les gouvernements, nous espérons que les prochains congrès internationaux nous permettront de voir enfin se réaliser la conclusion, si nécessaire, d'une entente générale.

Le Rapporteur :

Henri RASTIT.

La Chambre Syndicale adopte à l'unanimité les conclusions de ce rapport, le convertit en délibération, et décide son impres-

sion et son envoi à M. le Ministre du Commerce et de l'Industrie ; à MM. les membres de la Commission du Commerce et de l'Industrie de la Chambre des Députés ; à MM. les Sénateurs des Bouches-du-Rhône ; à MM. les Députés de Marseille ; aux Groupements intéressés et à la Presse.

Le Président

Henri TURCAT.

Marseille. — Typ. et Lith. BARLATIER, rue Venture, 19.

IMPRIMERIE DU SEMAPHORE

MARSEILLE

www.ingramcontent.com/pod-product-compliance
Lightning Source LLC
Chambersburg PA
CBHW050412210326
41520CB00020B/6569